AF192170

Bibliografische Information der Deutschen Nationalbibliothek
Die Deutsche Nationalbibliothek verzeichnet diese Publikation in der Deutschen Nationalbibliografie; detaillierte bibliografische Daten sind im Internet über http://dnb.d-nb.de abrufbar.

Originalausgabe 2011

Herstellung und Verlag:
Books on Demand GmbH,
Norderstedt

Umschlaggestaltung:
Doris Herrmann und Stefan Heiser

Printed in Germany

ISBN 978-3-8423-7648-9

Doris Herrmann, geboren 1973 in Bad Dürkheim, hat Verwaltungsfachangestellte gelernt und arbeitet seit einigen Jahren als Sekretärin in einer Verwaltung.
Interessen: Kochen, Lesen, Musik hören, Konzerte besuchen, Wandern, Schwimmen, Joggen, mit Freunden treffen und ausgehen.

Meine Depression kenne ich bewusst seit Januar 1998. Jedoch schon früher, so kann ich dies nach heutiger Sicht beurteilen, bemerkte ich Gefühlsschwankungen, die ich damals nicht deuten konnte.

Heute möchte ich keinen Tag, keine Stunde und keine Sekunde meiner weniger guten Tage missen, egal wie schwer mein Weg war und möglicherweise noch sein wird.

Ich nehme mein Leben mit meiner Depression inzwischen an und sehe sie als Chance und nicht mehr als unüberwindbares Hindernis.

Das ist mein Weg. Die Depression und das Leben mit ihr ist mein Weg.

Depressiv?
Na und!

Für Dieter.
Ich liebe Dich.

1

**Der Langsame, der sein Ziel
nicht aus den Augen verliert,
geht immer noch geschwinder
als der, der ohne Ziel herum irrt.**
Gotthold Ephraim Lessing

Im Jahr 1973 wurde ich in eine fleißige Metzgersfamilie geboren. Keiner hatte mehr mit mir gerechnet, da meine Schwester bereits zehn Jahre alt war und meine Eltern das Thema Kinder abgeschlossen hatten. Alle freuten sich über meine Geburt und ich wurde als Nesthäckchen verwöhnt.

Als ich älter wurde, war es mir oft langweilig, weil keiner Zeit für mich hatte.

Wenn ich im Geschäft meiner Eltern mitarbeiten sollte, hatte niemand Zeit mir die Arbeiten nach und nach in Ruhe zu erklären.

Somit wurde von mir erwartet, dass ich die Arbeitsschritte schnell verstehe und ausführen kann. Dies verunsicherte mich aber und ich wollte nicht mehr mithelfen.

Wenn ich die Hilfe meiner Eltern bei den Hausaufgaben brauchte, dann hatten sie keine oder nur sehr wenig Zeit und Geduld für mich, da sie unter permanentem Stress standen. Deshalb kümmerte sich meine Oma sehr oft um mich und zog mich groß. Als sie vor vier Jahren starb, war dies sehr schlimm für mich, weil ich sie sehr liebe. Sie wird in meinem Herzen immer einen wichtigen Platz haben.

Mir fehlte es materiell an nichts, immer war ich gut und sauber gekleidet, nahm Klavierunterricht und hatte ein eigenes Pferd.

Meine Eltern legten bei meiner Erziehung sehr viel Wert auf Anstand, Respekt und Benehmen. Für das Vermitteln dieser Werte bin ich ihnen sehr dankbar.

Als Kind war ich sehr sensibel und bin es heute noch. Früher wie heute übertünche ich meine Sensibilität mit nach außen gekehrter Lustigkeit.

Als Kind hatte ich alltägliche Rituale und meine Eltern erzogen mich mit einer gewissen Strenge. Das war meine Kindheit.

In meiner Jugend rebellierte ich, wie alle Jugendlichen in meinem Alter es damals taten und es heute noch tun.

Während meiner Ausbildung von 1990 bis 1993 habe ich viel gelernt. Auch wenn ich dachte, ich schaffe die Prüfung nie. Doch ich habe die Berufsausbildung als Verwaltungsfachangestellte abgeschlossen.
Das wollte ich unbedingt erreichen – darum habe ich es für mich geschafft.

2

**Wenn man die Ruhe nicht
in sich selbst findet,
ist es vergeblich,
sie andernorts zu suchen.**

Francois de La Rochefoucauld

Es begann etwa Ende Januar 1998. Ich war 24 Jahre alt und gerade ein halbes Jahr sehr glücklich verheiratet.

Diese Tatsache änderte jedoch nichts daran, dass sich bei mir Schlafstörungen einstellten und sich eine Depression ankündigte, die ich jedoch zu diesem Zeitpunkt noch nicht als solche erkannte. Da ich nicht einschlafen konnte, stand ich nachts nach zwei bis drei Stunden auf und lief ruhelos in unserer Wohnung umher. Rück-blickend kann ich sagen, dass ich ein Jahr zuvor auch schon eine ähnliche Ruhelosigkeit empfunden habe, die ich jedoch damals nicht einordnen konnte.

Ich hatte nicht nur Schlafstörungen, sondern auch innere Beklemmungen und Angstzustände. Diese machten mir es nach drei bis vier Tagen fast unmöglich meinen Alltag zu gestalten, geschweige denn arbeiten zu gehen. Ich biss mich trotz Erschöpfungszuständen durch und hangelte mich während der Woche hin zum nächsten Wochenende. Doch auch an den freien Tagen änderte sich nichts an meinem Zustand. Langsam dämmerte mir, dass irgendetwas mit mir nicht stimmte. Ich quälte mich montags wieder zur Arbeit.

Am darauf folgenden Morgen jedoch erklärte ich meinem Mann, dass ich nicht mehr könne. Er reagierte sofort, nahm sich einen Tag Urlaub, rief bei verschiedenen Psychiatern an, bis er endlich noch am selben Tag einen Termin für mich bekam. Dort erfuhr ich, dass ich depressiv bin und unter Angstzuständen leide.

Nach der Diagnose schrieb mich der Psychiater für eine Woche krank. Während dieser fünf Tage änderte sich jedoch nichts. Im Gegenteil, die Situation wurde von Tag zu Tag schlimmer.

Ich schlief nur noch sehr wenig bis gar nicht mehr und wanderte nur noch absolut von meinen negativen Gedanken innerlich aufgewühlt unstet durch unsere Wohnung. Ich war völlig durcheinander, wollte etwas tun und brachte nichts zustande, weil mir alles sehr schwierig und als nicht zu bewältigend vor kam. Diese für mich völlig neue Erfahrung erschreckte mich sehr und machte mich noch machtloser als ich mich ohnehin schon fühlte.

Dann kam das Wochenende unseres Umzugs von unserer 90-qm-Wohnung in unser neu gebautes Zweifamilienwohnhaus mit ca. 150 qm Wohnfläche (wir wohnen im Ober- und Dachgeschoss, meine Eltern im Erdgeschoss). Die räumliche Veränderung verunsicherte mich vollends, raubte mir meine letzte Kraft und meine allerletzten Nerven. Ich konnte psychisch nicht mehr und war am Boden zerstört. Die darauf folgende Woche hatte ich Urlaub.

Am 09. Februar 1998 sollte ich meine zweite Geburt feiern. Meinen 25. Geburtstag feierte ich am 12. Februar 1998. Es folgten 14 Wochen Klinikaufenthalt und 12 Wochen Wiederein-Gliederung in meinen Beruf.

Keine Sekunde die ich in dieser Zeit mit mir, meiner Depression, den Angstzuständen und meiner körperlichen Verletzungen gemacht habe, möchte ich nach heutiger Sicht missen.

Es waren Erfahrungen, die ich erleben musste, auch wenn sie für mich und viele liebe Menschen an meiner Seite sehr schmerzlich waren. Trotzdem waren sie lehrreich und haben mir wieder neuen Mut gegeben nicht aufzugeben, sondern immer weiter zu kämpfen.

3

**Auch eine Enttäuschung,
wenn sie nur gründlich
und endgültig ist,
bedeutet einen
Schritt vorwärts.**

Max Planck

Anfang September 1998 war ich soweit fit, dass wir in unseren zweiwöchigen Urlaub in die Bretagne fahren konnten.

Einige Zeit davor hatten wir uns dazu entschieden, zukünftig nicht mehr zu verhüten. Vielleicht würde ich im Urlaub oder in der Zeit danach schwanger werden. Doch es geschah im Urlaub nicht und auch nicht zu einem späteren Zeitpunkt.

Wir haben uns beide bewusst dafür entschieden uns nicht untersuchen zu lassen, um heraus zu finden warum sich keine Schwangerschaft einstellen wollte und an wem es wohl liegen könnte.

Auch haben wir uns bewusst dafür entschieden, keinen künstlichen Eingriff vornehmen zu lassen, um der Natur auf die Sprünge zu helfen.

Rückblickend kann ich sagen, dass alles so gekommen ist, wie es kommen soll. Wenn es mir gut geht könnte ich vielleicht ein Kind groß ziehen. Dies stelle ich deshalb in Frage, weil ich auch in guten Phasen viel Zeit für mich brauche, um im Alltag zu bestehen.
Wenn es mir schlecht geht, wäre eine Erziehung sehr schwierig. In dieser Zeit bin ich noch mehr mit mir selbst beschäftigt, so dass ein Kind zu kurz kommen würde. Kinder, besonders wenn sie klein sind, brauchen die uneingeschränkte Aufmerksamkeit ihrer Mutter. Doch die könnte ich einem Kind etliche Wochen im Jahr nicht oder nur sehr eingeschränkt geben.

Wenn es mir schlecht ginge würde meine Psychotherapeutin mir durchaus zutrauen, dass ich die Erziehung eines Kindes schaffen könnte. Ihrer Meinung nach würden mich in dieser Zeit meine Familie und Freunde sicherlich sehr gerne unterstützen.

Die ersten Jahre waren nicht einfach. In dieser Zeit haben wir in vielen Gesprächen dieses Thema besprochen und verarbeitet. Seit circa drei Jahren haben mein Mann und ich das Thema Kinder für uns endgültig abgeschlossen.

4

**Wer Menschenkenntnis
besitzt ist gut,
wer Selbsterkenntnis
besitzt ist erleuchtet.**
Aus China

Mitte September 1998 fing ich an wieder regulär zu arbeiten. Zu diesem Zeitpunkt war ich überzeugt davon, dass meine Krankheit vorüber ist und ich wieder ein „normales" Leben führen werde.

Meine Hoffnungen sollten jedoch ein jähes Ende finden, als sich die Depression nach circa einem halben Jahr wieder einstellte. Zum ersten Mal riet mir mein Psychiater, mich in Psychotherapie zu begeben.
Heute weiß ich, dass die Psychotherapie für mich sehr wichtig ist, um meine Krankheit zu verstehen und vieles in meinem Leben zu verarbeiten.

Nach dem Therapiegespräch komme ich nach Hause und mein Mann fragt mich, wie es war und was mich um treibt. Daraufhin antworte ich, dass das Gespräch gut war, ich ihm über den Gesprächsinhalt jedoch nichts erzählen werde. Mein Leid, meine Empfindungen und meine Probleme möchte ich nämlich bei meiner Psychotherapeutin lassen, weil ich sie als neutrale Person sehe und meinen Mann sowie alle anderen Menschen in meinem näheren Umfeld nicht damit belasten will. Mit meiner Therapeutin spreche ich und erarbeite Lösungen, die ich dann auch fast alle in die Tat umsetze. Darin sehe ich eine sehr hilfreiche Form für mich mit meiner Krankheit umzugehen.

Die Psychotherapie hat mich gelehrt, vieles unkomplizierter zu sehen und praktisch zu lösen, anstatt tagelang nur darüber zu grübeln. Dadurch ändert sich nämlich nichts.

In einer schlechten Phase stehe ich inzwischen nach wie vor gedanklich unterhalb eines hohen Berges, aber ich habe gelernt ihn leichter zu überwinden.

Den Berg teile ich nunmehr in viele kleinere Hügel ein, die ich dann nach und nach bearbeite, denn die Abarbeitung eines einzigen hohen Berges ist während einer depressiven Phase nahezu unmöglich, er ist zu hoch und zu mächtig.

Die Theorie aus der Psychotherapie in die Praxis umzusetzen war und ist für mich die Lösung.

5

**Die Klugen sehen
auf den Kern,
die Dummen auf
die Schale.**
　　Aus Estland

Die Jahre vergingen und ich nahm die Psychotherapie regelmäßig in Anspruch. Die Einnahme von Tabletten lehnte ich weiterhin grundsätzlich ab. Wenn es mir besonders schlecht ging, waren die nach wie vor schlaflosen Nächte am schlimmsten. Manchmal habe ich dann eine hoch dosierte Schlaftablette eingenommen, um den nächsten Tag halbwegs ausgeschlafen bestehen zu können. Dies war aber noch keine wirklich befriedigende Lösung für mich.

Da ich schon immer Freude an meinem Beruf und an der täglichen Herausforderung hatte, war der Gang zur Arbeit während meiner Krankheit immer irgendwie machbar, wenn auch teilweise nicht immer einfach.

Die Arbeitstage trotz meiner Depression zu bestehen wäre jedoch nicht möglich gewesen, wenn ich nicht eine gewisse Nachsicht und Hilfe von meinen Kolleginnen und Kollegen erfahren hätte. Sie können zwar dann nicht nachvollziehen was in mir vorgeht, akzeptieren mich in dieser Zeit aber trotzdem so wie ich dann gerade bin. Die Ablenkung durch die Arbeit und die Bestätigung meiner Kolleginnen und Kollegen tun mir während meiner schlechten Phasen gut.

Über die Jahre hinweg habe ich die Arbeit irgendwie geschafft. Wenn ich jedoch nach Hause kam, fiel alles von mir ab. Meine Anspannung und meine Konzentration fielen ab und die Depression nahm wieder vollends ihren Raum ein. Dann wurde ich wieder mit meiner Krankheit, der Trauer und den extremen Angstzuständen konfrontiert.

In den Jahren von 1998 bis 2003 hatte ich also nach wie vor gute und schlechte Zeiten.

Die Guten bestanden aus einem normalen Alltag und oft schönen Erlebnissen. Die Schlechten waren mit Depressionen in Form von absoluter Niedergeschlagenheit, negativem Denken, Angstzuständen -insbesondere meine eigene Unfähigkeit und Zukunft betreffend- geprägt. Dann liebte ich mich nicht, machte mich klein und hasste mein Spiegelbild.

6

**Nichts verschafft mehr Ruhe
als ein gefasster Entschluss.**
Charles Maurice de Talleyrand

Mit den Jahren merkte ich, dass es sich bei der Depression mit Angstzuständen nicht um ein vorübergehendes Problem, sondern um eine Krankheit handelte. Diese Tatsache konnte ich anfangs gar nicht einordnen. Irgendwie war ich jetzt plötzlich anders als die anderen Menschen. Aber war ich das wirklich?

Wenn es mir nicht gut geht, bin ich sehr verschlossen, lache nicht mehr und -das ist das Schlimmste für mich- ich fühle auch innerlich nichts mehr.

Das fällt natürlich den Menschen in meinem Umfeld auf, weil ich eben von heute auf morgen ein völlig anderer Mensch bin. In meinen schlechten Zeiten sind es wenige Menschen, die mich so nehmen wollen wie ich dann bin.

Sie verstehen mich nicht, sind unsicher und wissen nicht, wie sie mit mir umgehen sollen.

Für mich tat sich die Frage auf, wer mein „Anderssein" verstehen würde. Wahrscheinlich niemand bzw. sehr wenige Menschen. Ein gebrochenes Bein sieht man, eine seelische Erkrankung nicht; diese wird leider heute immer noch als eine Art „Spinnerei" und nicht als Krankheit angesehen.

Eine körperlich chronische Erkrankung können fast alle Menschen greifen. Dass diese Menschen auch nach und nach seelische Probleme haben, gerade bei chronisch schwer erkrankten Menschen, wird gerne unter den Teppich gekehrt.

Eine seelische Erkrankung ist für sehr viele Menschen jedoch fast undenkbar. Sie bauen unbewusst ein Schutzschild um sich herum auf und sagen leider immer noch die oder der „spinnt". Die Statistik lehrt uns jedoch etwas ganz anderes. Jeder dritte Deutsche leidet inzwischen unter einer Art seelischer Krankheit, Tendenz steigend.

Hierbei geht es im Detail um Depressionen, Angstzustände, Zwänge, Burn Out, Phobien usw. bis hin zu extremen Erkrankungen wie das Borderline-Syndrom oder Schizophrenie etc.

Jedoch hat meiner Meinung nach jeder Mensch sein eigenes Wesen. Die Spreu trennt sich erst vom Weizen, wenn es uns gut oder schlecht geht. Dies hat jedoch überhaupt nichts mit Nationalität, Religion, Reichtum oder Armut zu tun. Ob es uns gut oder schlecht geht hängt meiner Meinung nach einzig und allein von der persönlichen Lebenserfahrung ab und mit den eigenen Verhaltensmustern zusammen.

Ein Umdenken muss statt finden, denn es geht nicht um schwarz-weiß-Denken, sondern um eigene Meinungsbildung. Dies liegt jedoch nicht in meiner Hand. Mit meinem Buch möchte ich lediglich einen Anstoß dazu geben.

Inzwischen habe ich meine Krankheit „Depression und Angststörung" für mich angenommen. Mein Partner, meine Familie und Menschen, die mir wichtig sind, können inzwischen damit umgehen.

7

**Man muss noch viel Wahnsinn in
sich haben, um einen tanzenden
Stern zu gebären.**

Friedrich Nietzsche

Diesen Spruch sehe ich seit ein paar Jahren als
positive Beschreibung meines Wesens an, da ich
mich darin wieder erkenne.

Die Erklärung hierzu ist einfach. Genau wie viele
andere Menschen auch habe ich einen gewissen
Grad an positiver Verrücktheit in mir. Damit
mache ich manchmal Dinge für mich möglich, die
mir zuvor nicht als möglich erschienen.

Dies brachte mir eine gewisse Freiheit, wie z. B.
einen Tandemsprung vom Nebelhorn im Allgäu
zu wagen.

Auch sehe ich es heute noch als Freiheit für mich
an, gewisse Dinge zu tun, ohne über die
Konsequenzen nachzudenken. Meist gibt es
nämlich keine.

Mitte Juli 2003 kehrte erneut eine sehr schlimme Depression zurück. Nichts schien mir zu helfen.

Der Höhepunkt war nach etlichen Jahren wieder erreicht. Die Jahre zuvor konnte ich immer irgendwie arbeiten. Diesmal war die Depression und die Angstzustände jedoch von anderer Qualität. Die Krankheit war wesentlich intensiver als noch Monate zuvor und ich merkte von jetzt auf gleich, dass ich auf keinen Fall arbeiten gehen konnte. Die Krankheit überfiel mich nach etlichen Jahren wieder mit einer Übermacht, die ich nicht mehr für möglich gehalten hatte. Umso härter traf mich diese Tatsache.

Insofern befand ich mich in einem unsicheren Raum, weil meine damalige Psychotherapeutin und Psychologin gerade in Rente gegangen war. Ihre Nachfolgerin, zu der ich mich gleich in Behandlung begab, kannte mich nicht, verschrieb mir hoch dosierte Psychopharmaka und schrieb mich zwei Wochen krank. Dies sollte leider zu meinem Verhängnis werden.

Anfang August wurde ich zum dritten Mal geboren. Es war der Jahrhundertsommer im Jahr 2003. Mein neuer Psychologe wies mich in eine psychosomatische Klinik ein.

Rückblickend waren die fünfeinhalb Wochen in der Klinik für mich eine sehr interessante und lehrreiche Zeit. Ich habe sehr viel über mich und meine Depression mit Angstzuständen gelernt. Meinen Aufenthalt habe ich als Chance gesehen, bin also nicht im nichts tun verharrt.

Vom ersten Tag an nutzte ich fast alle Therapieangebote. Angefangen von progressiver Muskelentspannung nach Jacobsen, Einzel- und Gruppentherapien, Kneipp-Kuren, Massagen, Schwimmen, Qigong, autogenes Training bis hin zu kreativem Gestalten (Töpfern, Laubsäge- und Specksteinarbeiten etc.). Nichts habe ich ausgelassen und sehr viel für mich daraus gelernt.

Auch nahm ich an Einzel- und Gruppentherapien teil. Die Einzeltherapie war sehr gut für mich aber auch die Gruppentherapie half mir in vielen Punkten weiter. Durch sehr viele und intensive Gespräche mit anderen Patienten spürte ich zum ersten Mal, dass ich mit meiner Krankheit nicht allein war. Da gab es Menschen, die meine Gefühle und Probleme während der Depression auch kannten. Zudem gab es „schlimmere Fälle".

Ich fing das erste Mal an, mich positiv mit meiner Krankheit auseinander zu setzen und bemerkte, dass ich nicht die schlimmste Form von psychischer Erkrankung hatte. Die „Burn-Out" Patienten, die ich zum Beispiel kennen lernte, waren fast nur Männer, kaum fünf Jahre älter als ich und bereits arbeitsunfähig, weil sie Stress und Druck überhaupt nicht mehr aushalten konnten.

Der Aufenthalt in der psychosomatischen Klinik hat mir den Mut und die Kraft gegeben, mein Leben trotz meiner Krankheit zu leben und vor allen Dingen wieder zu lieben.

Endlich lernte ich, die Krankheit zu verstehen. Der Umgang damit fiel mir nach und nach etwas leichter.

Die Ärzte stellten eine Diagnose. Die Krankheit hatte jetzt einen Namen: Mein Leiden bezeichnen die Ärzte als „manisch depressiv".

Nun wusste ich, dass ich nicht „Irre" war, sondern unter anderem mein Gehirnstoffwechsel nicht richtig funktioniert und daher von Zeit zu Zeit diese extremen Stimmungsschwankungen auftreten können.

Mit den Wochen habe ich, wenn auch anfangs widerwillig, die Einnahme von Medikamenten zur dauerhaften Prävention akzeptiert. Sie helfen mir, meinen Gehirnstoffwechsel besser ins Gleichgewicht zu bringen. Auch aufgrund der vorbeugenden Wirkung nehme ich die Medikamente. Die Depression kann zwar immer wieder auftreten, jedoch nicht mehr in der Intensität. Die Angstzustände stellen sich fast nicht mehr ein. Abschließend kann ich also sagen, dass die Tabletten mir helfen, ein einigermaßen gutes Gleichgewicht zu schaffen.

Ich musste aber auch lernen zu akzeptieren, dass mich die Krankheit ein Leben lang begleiten wird. Heute sehe ich es sportlich. Andere Menschen haben einen hohen Blutdruck und müssen deshalb ihr leben lang Tabletten nehmen. Ich habe Probleme mit dem Gehirnstoffwechsel und nehme deshalb auch ein Leben lang Medikamente ein.

Krankheiten haben verschiedene Gesichter. Meist sind sie weniger schön oder auch grausam. Körper, Geist und Seele bilden meiner Meinung nach eine Einheit. Wenn ich körperliche Gebrechen habe, kratzt dies auch zwangsläufig irgendwann an meiner Seele. Umgekehrt ist es genauso.

Wenn ich seelische Probleme habe, verhält sich auch mein Körper anders. Ich bekomme mit der Zeit eine innere Unruhe, meine Hände und Beine zittern, Bauchschmerzen stellen sich ein und wenn es extrem verläuft bekomme ich Durchfall. Ist die Seele außer Rand und Band, dann verliert auch der Körper sein Gleichgewicht - das kann ich nur zu gut bestätigen.

Dieser Klinikaufenthalt war eine sehr intensive Zeit für mich, die ich nicht missen möchte, weil ich dort sehr viel über mich und über meine Krankheit gelernt habe.

In dieser Zeit habe ich von meiner besten und liebsten Freundin mehrere Postkarten erhalten.

Eine Karte davon mit folgendem Inhalt prägt bis
heute mein Leben:

**Ich wünsche Dir die Ausdauer eines
Langstreckenläufers, der in der
Vorfreude auf sein Ziel die Mühen
des Weges gering schätzt.**

unbekannt

8

**Die Freiheit des Menschen
liegt nicht darin, dass er tun
kann, was er will, sondern
dass er nicht tun muss,
was er nicht will.**
Jean-Jaques Rousseau

Nach meinem Aufenthalt in der Klinik habe ich wieder voller Elan gearbeitet. Eine Phase, die jedoch nur circa drei Wochen anhielt.

Anfang Oktober 2003 merkte ich zu meinem Entsetzen, dass wieder etwas nicht stimmte. Ich biss mich weiterhin durch und überstand auch diese schlechte Phase mal wieder irgendwie, ohne mich krank zu melden. Was mir damals half, war die Tatsache, dass ich abends ein Medikament nahm, dass dafür sorgte, dass ich ruhiger wurde und schneller einschlafen konnte, ohne dass es sich dabei um eine Schlaftablette handelte.

Dieses Medikament nehme ich heute noch ein. Ich leide nicht mehr unter Schlafstörungen, schlafe gut ein und die Nacht durch.

Alles geht irgendwie vorbei, so ging auch diese schlimme Zeit wieder einmal für mich vorbei.

Etwa ein halbes Jahr später öffneten sich mir Tor und Tür. Ende März 2004 wurde ich gefragt, ob ich mir vorstellen könnte, in unserer Verwaltung den Arbeitsplatz zu wechseln und im Sekretariat zu arbeiten.

Nach einwöchiger Bedenkzeit sagte ich zu und begann Mitte April 2004 meine neue berufliche Herausforderung.

Bis heute habe ich diesen Schritt nicht bereut und fühle mich mit meiner beruflichen Aufgabe sehr wohl.

9

Du kannst lernen, dass du das,
was du suchst, schon selber bist.
Alles Lernen ist das Erinnern
an etwas, das längst da ist und
nur auf Entdeckung wartet.
Alles Lernen ist nur das
Wegräumen von Ballast,
bis so etwas übrig bleibt
wie eine leuchtende innere
Stille. Bis du merkst, dass
du selbst der Ursprung von
Frieden und Liebe bist.

Sokrates

Von Mitte 2004 bis Anfang 2009 hatte ich weniger depressive Phasen und mein Leben mit der Krankheit gut im Griff.

Ende Januar 2009 stellten sich wieder starke Depressionen ein und warfen mich aus der Bahn. Ich konnte es nicht greifen, geschweige denn begreifen, warum ich diese Heftigkeit der Krankheit wieder erleben sollte.

Nach fast sechs Jahren fühlte ich mich zum ersten Mal wieder absolut hilflos und der Krankheit völlig ausgeliefert.

Bis Anfang Juni 2009 sollte die sehr schlimme Zeit andauern. Danach ging es mir für sechs Wochen wieder gut.

Doch bereits Mitte Juli wurde ich wieder sehr depressiv und die Angstzustände begannen mich wieder Tag und Nacht zu verfolgen. Bis Oktober 2009 dauerte dieser Zustand an und folgende Fragen quälten mich: „Wie wird meine Zukunft aussehen? Wird es überhaupt eine Zukunft für mich geben? Bin ich es überhaupt noch wert gemocht und geliebt zu werden?"
Damals war ich völlig verunsichert und meine Gedanken drehten sich nur im Kreis. Mein Selbstwertgefühl war wieder völlig am Boden und so kapselte ich mich völlig von meiner Umwelt ab.

Zwar ging ich jeden Tag arbeiten, denn in schlechten Phasen tut es mir gut, etwas zu tun, was ich sehr gerne mache. Zudem gibt mir meine Arbeit die Sicherheit, dass ich auch in schlimmen Zeiten wertvoll bin und gebraucht werde.

Ich kann dann zwar nicht hundert Prozent geben, aber ich bin beschäftigt, fühle mich bestätigt. Auf keinen Fall möchte ich dann für etliche Wochen krank geschrieben werden, denn zu Hause zu sitzen und mich mit meinen Gedanken nur im Kreis zu drehen, das macht keinen Sinn.

Sobald ich jedoch von meiner Arbeit nach Hause kam und die Tür hinter mir schloss, fühlte ich mich noch kleiner und weniger liebenswert.

Die Abende und Wochenenden in dieser langen Zeit waren am schlimmsten.

In meiner mir eigenen, völlig subjektiven Welt hatte auch mein Mann nur wenig Platz. Ich weiß, dass diese Wochen sehr schlimm für ihn waren, weil er mich teilweise nicht verstehen und mir nicht immer helfen konnte.

Doch auch diese schwere Zeit ging vorüber. Wieder einmal hatte ich es geschafft, der Krankheit die Stirn zu bieten und diese Phase durchzustehen.

10

**Wünsche nicht,
etwas anderes zu
sein als du bist,
aber versuche,
dies so gut wie
möglich zu sein.**
Franz von Sales

Nun werde ich sie beschreiben, diese nicht erklärbare, somit nicht greifbare und darum oft tabuisierte Krankheit.

Auch wenn Menschen sie nicht verstehen und somit auch nicht anerkennen wollen, ist sie da. Sie ist sogar so präsent, dass sie inzwischen als Volkskrankheit an dritter Stelle rangiert; es geht also um 4 Mio. Menschen in Deutschland, davon haben 15 bis 20 Prozent den Suizid leider „erfolgreich" durchgeführt. Dies ist meiner Meinung nach sehr erschreckend.

Die Krankheit Depression und die Angststörung habe ich seit 14 Jahren.
Beim Nachlesen erfuhr ich, dass eine Depression (aus dem lateinischen: deprimere = niederdrücken) ein Zustand psychischer Niedergeschlagenheit ist.

In der Psychiatrie wird die Depression den affektiven Störungen zugeordnet.

Die Krankheit Depression ist charakterisiert durch Stimmungseinengung, wie Verlust der Fähigkeit zur Freude oder Trauer, Verlust der affektiven Resonanz, d. h. der Betroffene ist durch Zuspruch nicht aufhellbar, Antriebshemmung, mit und ohne Unruhe und Schlafstörungen.

Während meiner Erkrankung fühle ich mich morgens müde und sehr schlecht, am späten Nachmittag und Abend fühle ich mich jedoch etwas besser. Auch diese Variante meiner Krankheit kenne ich leider nur zu gut.

Weitere Symptome können sich bei mir einstellen, wie übertriebene Sorge um die Zukunft, Minderwertigkeitsgefühle, Hilflosigkeit, soziale Selbstisolation, verringerte Konzentrations- und Entscheidungsfähigkeit sowie Angstzustände.

Wenn meine Depression schwer verläuft, dann kann mein Antrieb so gehemmt sein, dass ich einfachste Tätigkeiten, wie Körperpflege, Einkaufen oder Abwaschen nicht oder nur sehr erschwert verrichten kann.

Depressive Erkrankungen gehen mit körperlichen Symptomen einher, den so genannten Vitalstörungen, wie Appetitlosigkeit und somit Gewichtsabnahme, Schlafstörungen, häufig auch mit Schmerzen in ganz unterschiedlichen Körperregionen, bei mir z. B. Bauch-, Gelenk- und Rückenschmerzen. Auch diese Vitalstörungen habe ich meistens während meiner Krankheit.

Die Ursachen depressiver Erkrankungen sind komplex und nur teilweise von den Fachmedizinern verstanden. Es ist von einem Zusammenwirken mehrerer Ursachen auszugehen: sowohl biologische Faktoren als auch entwicklungsgeschichtliche Erfahrungen, aktuelle Ereignisse und kognitive Verarbeitungsmuster spielen eine Rolle.

Die bipolare affektive Störung (besser bekannt unter der Bezeichnung „manisch-depressive Erkrankung"), unter der ich leide, ist eine psychische Störung und gehört zu den Affektstörungen. Sie zeigt sich bei mir als Betroffene durch episodische, willentlich nicht kontrollierbare und extreme Auslenkung des Antriebs, der Aktivität und der Stimmung. Bei der selteneren bipolaren affektiven Störung erkranke ich also im Wechsel an Depression und Manie.

Die bipolare Störung kann in der Regel gut mit Psychotherapie und mit der Einnahme von Medikamenten behandelt werden.

Auch ich nehme seit Jahren täglich Medikamente, bin mit ihnen gut eingestellt und komme somit sehr gut mit ihnen zurecht. Nebenwirkungen stellen sich bei mir nur sehr selten ein, d. h. das ich durch die Medikamente fast gar keine Einschränkungen in meinem Alltag habe.

Die bipolare affektive Störung hat sich bei mir laut Aussage meiner Psychotherapeutin in den letzten Jahren verbessert. Ihrer Meinung nach sind die Übergänge zwischen gut und schlecht Fühlen fließender und reißen mich nicht mehr so runter. Auch hätte ich besser gelernt, mit den schlechten Phasen umzugehen. Dies empfinde ich auch so.

11

**Das Glück deines Lebens
hängt von der Beschaffenheit
deiner Gedanken ab.**
Marc Aurel

Nun beschreibe ich, wie sich die Theorie der Krankheit für mich in der Praxis anfühlt.

Johann Wolfgang von Goethe, der schwer depressiv war, beschrieb die Krankheit in einem bekannten Ausspruch:
Himmelhoch jauchzend und zu Tode betrübt.
Er beschreibt hiermit die Krankheit sehr treffend.

Wenn es mir gut geht, fühle ich mich Himmelhoch jauchzend, wenn es mir schlecht geht, fühle ich mich zu Tode betrübt. Meine Stimmung ist dann entweder sehr hoch oder sehr tief. Den Mittelweg zu finden ist dann sehr schwierig, aber nach meinen heutigen Erkenntnissen mit sehr viel Selbstdisziplin erlernbar.

Die Depression ist ein Zustand, den sich nicht Betroffene nur sehr schwer vorstellen können. Meine Seele trägt dann Trauer. Egal wie emotional die Erlebnisse während meines Krankheitsverlaufs gerade sind, ich fühle äußerlich nichts und noch schlimmer ist, dass ich innerlich auch nichts mehr spüre. So vergeht jede Minute, jede Stunde und jeder Tag - nur ich, ich nehme emotional nicht mehr daran teil.

Keine Empfindungen, weder Freude noch Trauer, regen sich in mir. Ich kann nicht mehr lachen und nicht mehr weinen. Ich befinde mich seelisch in einem Luft leeren Raum.

Die Menschen um mich herum leben ihr eigenes Leben mit all seinen Emotionen. Ich habe keine Gefühle und Empfindungen mehr. Das Leben der Anderen zieht wie ein Film an mir vorbei. Ich bin Zuschauer, aber ich nehme an diesem alltäglichen Leben nicht mehr teil, ich beobachte nur und empfinde nichts dabei.

Diese innere Kälte und Leere brachte mich irgendwann zu dem Schluss, dass ich lediglich körperlich, aber nicht emotional anwesend bin. Diese Feststellung war sehr schlimm für mich und machte mich einfach nur fertig.

Neben der inneren Leere stellt sich zusätzlich die Angststörung ein. Dann habe ich Angst aus dem Haus zu gehen. Denn eventuell jeder, der mich kennt könnte merken, dass etwas mit mir nicht stimmt. Die Angst war vor Jahren eine unüberwindbare Mauer für mich. Heute betrachte ich sie in meinen schlechten Phasen als eine Herausforderung.

Wenn ich trotz meiner Angst das Haus verlasse, dann habe ich eine große Hürde genommen.

Meine Angstzustände wollen mich daran hindern einkaufen zu gehen. Dinge die für andere Menschen völlig normal und alltäglich sind, wie das bloße Verlassen des Hauses, das Einsteigen ins Auto und das Fahren zum Einkaufen, kosten mich enorme Überwindung. Mir wird dann ganz schlecht und ich habe eine innere Unruhe, die mich fast Zerbersten lässt.

Menschen zu treffen, die mich kennen und dann merken, dass heute etwas nicht mit mir stimmt, ist für mich die größte Herausforderung an diesem Einkauf. Früher habe ich mich dafür geschämt. Heute gehe ich bewusst diesen Weg. Die meisten meiner Mitmenschen kennen inzwischen beide Seiten von mir und ich glaube, ohne dass ich es ihnen jemals erklärt habe, ordnen sie es inzwischen für sich richtig ein. Über die Jahre hinweg merke ich, dass mich meine Mitmenschen so nehmen wie ich bin. Dies gibt mir weiterhin den Mut unter Menschen zu gehen, auch wenn ich depressiv bin und Angstzustände habe.

Wenn ich dann zu Hause die Schwelle unserer Eingangstür überschreite, atme ich ganz tief ein und aus. Eine innere Freude und Stolz beseelen mich. Dann weiß ich, dass dies wieder einmal der richtige Weg war. Ich habe mich meiner Angst gestellt und sie hat nun nicht mehr ganz so viel Macht über mich.

Die Depression und die Angstzustände haben mich zwar erfasst, aber sie nehmen mich nicht mehr gefangen. Ich nehme die Krankheit an so wie sie ist, mit all ihren Facetten. Vor allem, stelle ich mich ihr und dazu gehört, den normalen Alltag auch mit ihr zu leben. Dies bedeutet für mich arbeiten zu gehen, egal was Andere über mich denken. Inzwischen schäme ich mich für meine Krankheit nicht mehr.

So wie ich bin, bin ich authentisch, egal ob in guten oder in schlechten Zeiten. Ich lebe mein Leben - ohne meine Krankheit und mit meiner Krankheit. Egal wie es mir geht, lebe ich inzwischen sehr intensiv und bewusst. Das erstaunliche daran ist, ich lebe damit gut, weil ich meine Krankheit angenommen habe. Sie ist Teil meines Lebens. Mein Mann, meine Familie und meine Freunde leben auch während meiner Krankheit sehr intensiv mit mir.

Mein Leben lebe ich oft sehr emotional, bin etwas verrückt und manchmal auch exzessiv. Das bin ich. Das ist mein Leben. Egal ob mit oder ohne Krankheit.

Inzwischen nehme ich mich an wie ich bin und das ist gut so, weil ich gut so bin wie ich bin.

12

**Gehe vertrauensvoll in
Richtung deiner Träume.
Führe das Leben, das
du dir vorgestellt hast.
Wenn du dein Leben
vereinfachst, werden
auch die Gesetze des
Lebens einfacher.**
Henry David Thoreau

Während meiner Krankheit spielt auch das
Thema Zwänge eine interessante Rolle.

An guten Tagen habe ich wie jeder Mensch
kleine Eigenheiten. Zu Beginn meiner
Krankheitsphase steigern sich diese Eigenheiten
nach und nach bis zum Höhepunkt.

Eine meiner Zwänge ist, dass ich öfter meine
Hände wasche. Auch dann, wenn es die
Situation überhaupt nicht erfordert.

In der Zeit meiner Krankheit weitet sich das Hände waschen aus.

Nach jeder Zigarette und ein paar Mal zwischendurch wasche ich dann meine Hände.

Aber Jeder der mich kennt weiß, dass ich mich auch bei diesem Thema mit den Jahren diszipliniert habe.

Heute wasche ich selbst in Höchstphasen meiner Krankheit meine Hände in normalem Maße. Das Hände waschen nach der Zigarette gibt es nicht mehr. Das erstaunliche ist: ich habe kein Problem mehr damit.

Auch hatte ich den Zwang alles genau mittig zu stellen. Vor Jahren musste jedes Accessoire in unserer Wohnung millimetergenau gemittelt stehen. Das Abstauben hielt mich dreimal so lange auf als nötig. Abstauben, Accessoire abstellen, zurücktreten, genau Augenmaß nehmen, Accessoire nach links oder rechts verschieben. Diesen Vorgang wiederholte ich so lange, bis der Gegenstand meiner Meinung und meinem Augenmaß nach genau mittig stand. Erst dann war ich zufrieden.

Irgendwann überlegte ich mir eine Gegentaktik. Alle Accessoires verteilte ich völlig wahllos und außerhalb der Mitte in unserer Wohnung. Eine Befreiung!

Heute stelle ich alles nur noch rein zufällig ab und rücke es nicht mehr zurecht. Unsere Wohnung sieht jetzt sehr schön und natürlich aus.

Ein weiterer Zwang lag darin, dass ich ständig dachte, unsere Wohnung müsse so sauber und steril wie im Krankenhaus sein. Somit war ich zwangsläufig ständig am Putzen. Wenn ich das nicht tat, dann dachte ich, unsere Wohnung ist nicht sauber, aber vor allem fühlte auch ich mich schmutzig.

Weil dieser Zwang meinen Alltag sehr bestimmte und einschränkte, merkte ich, dass ich mich davon unbedingt befreien musste, weil er meinen Alltag sehr bestimmte und einschränkte. Auch habe ich unheimlich viel Freizeit mit dem Putzen verschwendet. Kostbare Lebenszeit, die ich nun anderweitig nutze.

Heute weiß ich folgendes:

Es kommt nicht darauf an,
dem Leben mehr Jahre,
sondern den Jahren
mehr Leben zu geben.
Alexis Carrel

Heute putze ich meine Wohnung relativ regelmäßig oder wenn ich Zeit und vor allem Lust dazu habe. Bei uns ist es nicht schmutzig, aber auch nicht gerade super rein. Damit fühlen wir uns sehr Wohl.

Ein Grund dafür, dass ich diesen ausgeprägten Putzfimmel hatte war, dass ich dachte, wenn Besuch kommt, muss alles sehr sauber sein, damit ich mich nicht schämen muss. Heute schäme ich mich nicht mehr, wenn spontan oder angekündigt Besuch kommt und alles so ist wie es ist.

Die Menschen, die mich nur nach meiner Sauberkeit im Haushalt beurteilen, auf die lege ich keinen Wert mehr.

Nur noch Menschen, die mich um Meinetwillen mögen sind meine wahren Freunde, ich mag sie dafür sehr und sie bereichern mich.

Gelernt habe ich daraus, dass unsere Wohnung kein Museum ist. Wir leben ganz normal in ihr und bewegen uns darin völlig ungezwungen. Genau so soll es sein. Dies ist eine wichtige Erkenntnis für mich.

13

Nachts zu träumen
gibt dem nächsten
Tag die Chance
neu zu beginnen.
Doris Herrmann

Nachts im Schlaf träume ich oft. Ich erlebe meine Träume sehr intensiv.

Wenn ich morgens aufwache und mir bewusst mache, was ich geträumt habe, dann stelle ich oft fest, dass ich viele Erlebnisse des Vortages im Schlaf verarbeite, sowohl die Positiven als auch die Negativen. Oft sind es auch Dinge, die sich in meinem Unterbewusstsein abspielen und die ich im Traum dann zulasse.

Über das Träumen reflektiere ich oft meine Tageserlebnisse, aber auch Probleme aus der Vergangenheit und Ängste vor der Zukunft.

Dass mir diese Art des Verarbeitens gut tut merke ich und darum bin ich auch froh darüber, meine nächtliche Traumwelt zu erleben.

Abschließend kann ich feststellen, dass meine Träume ein sehr wichtiges Ventil für mich sind.

14

Ruhe im Innern,
Ruhe im Äußern.
Wieder Atem holen
lernen, das ist es.
Christian Morgenstern

Es gibt Menschen, die leiden unter saisonalen Depressionen, das heißt, sie haben die Krankheit über Winter wenn es draußen trüb und trostlos ist und die Sonne fast nicht scheint.

Die Sonne ist ein wesentliches Elixier des Lebens. Wir fühlen uns besser, wenn die Sonne scheint, wenn es hell ist und die Sonnenstrahlen Licht und Wärme für uns und unsere Seele spenden.

Bei mir verhält es sich jedoch so, dass sich meine Depression und die Angstzustände zu allen Jahreszeiten einstellen, auch bei über 30 Grad und Sonnenschein.

Mit den Jahren habe ich herausgefunden, was mir gut tut.

Sport zu treiben hat sich für mich bewährt. Ich gehe seit 1996 mehr oder weniger regelmäßig joggen. Auch Schwimmen gehen macht mir sehr viel Spaß. Wenn es mir gut geht, dann kann ich mir nach einem stressigen Tag alles von der Seele laufen oder schwimmen. Wenn es mir schlecht geht, dann bin ich froh, etwas für mich, also für meinen Körper und meinen Geist getan zu haben. Wenn es mir besonders schlecht geht, hilft mir auch ein Spaziergang mit einer Freundin, die mir zuhört.

Das Treiben von Sport setzt Endorphine, so genannte Glückshormone frei, die mir eine gefühlte innere Befreiung geben. Mein Körper ist müde, weil ich mich angestrengt habe. Er ist jedoch angenehm müde und ich fühle mich innerlich befreit. Dieses Gefühl ist sehr schön für mich, egal ob es mir gut oder schlecht geht. Außerdem habe ich mit der Bewegung komplett meinen Stress abgebaut.

Mein Hirn ist dann frei von Druck, wenn ich nach Hause komme. Zusammen mit meinem Mann kann ich dann den gemeinsamen Abend bei einem schönen Essen, einer Flasche Bier und einem guten Gespräch mit schöner Musik im Hintergrund genießen.

Da mir meine Konzentrationsfähigkeit oft Streiche spielt, mache ich seit ein paar Jahren alle möglichen Rätsel (Schweden-, Selfmade-, Zahlen-, Puzzlerätsel etc.) und Sudoku in allen Schwierigkeitsgraden, um meine Konzentration zu erhalten und weiter zu steigern. Diese Form des mentalen Trainings tut mir sehr gut, es ist mein Gehirnjogging. Der Geist bleibt wach, lernt sich besser zu konzentrieren und sich vieles schneller und leichter zu merken. Dieses Training ist eine positive und befriedigende Erfahrung für mich.

15

Wenn du einen vollkommen nutzlosen Nachmittag auf vollkommen nutzlose Weise verbringen kannst, hast du gelernt zu leben.

Lin Yutang

Jeder Mensch ist meiner Meinung nach entweder von seiner Grundeinstellung durch Erziehung, Erfahrungen oder sonstige äußere Einflüsse optimistisch oder pessimistisch dem Leben gegenüber eingestellt. Jeder baut sich seine Lebenseinstellung nach seinen Vorstellungen und Erfahrungen selbst zusammen und das ist gut so.

Die Menschen, die ihr Leben lang mit einem grimmigen Gesicht durchs Leben gehen, realisieren meiner Meinung nach gar nicht, wie sehr sie sich damit selbst im Weg stehen und wie schön die Welt sein kann.

Sensible Menschen, die nur darüber grübeln wie die Welt ist, wer sie mag, wer sie nicht mag und warum, vergessen darüber manchmal völlig zu leben.

Für manche Menschen ist alles wichtig, sie können nicht wichtiges von unwichtigem unterscheiden. Sie kommen vom Hundertstel ins Tausendstel und verzetteln sich völlig, das Leben zieht an ihnen vorüber.

In unserem heutigen multimedialen Zeitalter kommen viele Menschen mit der schnelllebigen, innovativen Technik nicht zurecht. Was gestern galt, ist heute bereits durch so genannte Updates erneuert. Täglich, monatlich oder jährlich entwickelt sich alles rasant weiter. Angst schleicht sich ein, mit der Schnelligkeit der Neuerungen nicht mehr mithalten zu können.

In diesem Kapitel beschreibe ich, wie ich manchmal andere Menschen wahrnehme und ich finde mich auch oft selbst darin wieder. Das macht das Mensch sein für mich aus.

Damit der Alltag mich nicht auffrisst und ich meine positive Lebenseinstellung behalte, schaffe ich mir, wenn möglich, täglich meinen Freiraum für Erholungsphasen. Beispielsweise lege ich eine halbe Stunde die Beine hoch, schließe die Augen und höre dabei Musik oder versuche in absoluter Ruhe Energie zu tanken. Auch in einem guten Buch zu lesen hilft mir.

Es gibt viele Möglichkeiten, sich manchmal kurzfristig aus dem Alltag heraus zu nehmen.

Damit stärke ich meinen Geist für die Arbeit, die zu Hause noch vor mir liegt.

Manchmal gehe ich das Ganze aber auch umgekehrt an. Nachdem ich von meiner Arbeits-stelle aus zu Hause ankomme, erledige ich zuerst die Arbeit im Haushalt und nehme mir dann meine Auszeit.

Wie ich vorgehe, erst Erholung und dann Hausarbeit oder umgekehrt, entscheide ich ganz individuell danach, wie ich denke, dass es mir gerade gut tut.

16

**Gelassenheit kann man lernen.
Man braucht dazu nur Offenheit,
Motivation, ein bisschen
Ausdauer und vor allem
die Bereitschaft, sich von
den alten, eingefahrenen
Bahnen zu lösen, in denen
unser Denken und Handeln
sich häufig bewegt.**
Ludwig Bechstein

Ein bekannter Fotograf macht sich stark für die Entschleunigung des Lebens. Er sagt, dass sich die Erde von selbst beschleunigt, dadurch wie wir leben. Darum müssen wir uns selbst entschleunigen, damit das Leben auf der Erde sich entschleunigt.

Bereits bevor ich diese Aussage gehört habe, näherte ich mich instinktiv und in meinem Unterbewusstsein der „Entschleunigungstheorie".

Irgendwann einmal habe ich gemerkt, dass ich nicht zu den Beschleunigern, sondern zu den Entschleunigern des Lebens, meines Lebens, gehöre.

Diese Erkenntnis war und ist für mich immer noch sehr wichtig.

Die Entschleunigung des Lebens zu verstehen ist nicht wirklich einfach. Es bedeutet für mich, auch in Zeiten, in denen ich denke, ich muss etwas Bestimmtes tun, zu sagen, jetzt mag ich es tun. Wenn ich es gerade nicht tun möchte, dann tue ich es nicht.

Das erstaunliche ist, ich habe kein schlechtes Gewissen mehr dabei. Die Dinge tue ich dann, wenn ich sie machen möchte und nicht mehr wenn ich sie tun müsste. Die Dinge gelingen mir viel besser, wenn ich sie gerne mache und gerade Lust dazu habe - das ist meine Interpretation von Entschleunigung - zu leben, wie ich will und kann.

Nach den Vorstellungen Anderer will und kann ich nicht leben, denn das bin nicht ich. Menschen, die mich so lieben wie ich bin, haben dies mit den Jahren verstanden.

17

**Die Zukunft erreicht jeder
in der Geschwindigkeit
von sechzig Minuten
pro Stunde, egal, was
er tut und wer er ist.**

C. S. Lewis

Das Wort „Multitasking" ist für manche Frauen
und für viele Männer ein Zauberwort. Bin ich
multitaskingfähig, dann bin ich auf dieser Welt im
Trend. Dabei stelle ich mir aber die Frage, ob ich
wirklich nur dann im Trend bin, wenn ich
multitaskingfähig bin.

Den Frauen wird nachgesagt, dass sie
multitaskingfähig sind, den Männern, dass sie
diese Fähigkeit nicht besitzen. Es mag wohl
sein, dass Frauen mehrere Dinge gleichzeitig
tun können: etwa mit der besten Freundin
telefonieren, dabei Geschirr spülen, dem
Nachrichtensprecher im Radio zuhören und alle
drei Dinge gleichzeitig bewältigen bzw.
aufnehmen.

Dies liegt angeblich seit Jahrmillionen in den Genen der Frau, dass sie mehrere Dinge gleichzeitig tun kann und Männer nicht, na und?

Die Ausnahme dieser angeblichen Regel bestätige ich, denn ich bin nicht bzw. nur sehr eingeschränkt multitaskingfähig. Ob ich deshalb ein schlechter funktionierender Mensch im Alltag bin? Nein!

In meinem Bekannten- und Freundeskreis beobachte ich, dass Frauen sich heute durch die Schnelllebigkeit der Zeit und somit der immer höher steigenden Anforderungen mit den Jahren teilweise überfordert fühlen. Kinder, Mann, Job, Haushalt usw. setzen ihnen mit den Jahren zu und märgeln sie trotz aller Multitaskingfähigkeit immer mehr aus. Die eine Frau mehr und die Andere weniger.

Dies ist jedoch nicht der Anspruch, den ich an mich habe. Nicht nur funktionieren und gut sein will ich. Nein, mein Anspruch an mich ist inzwischen, dass ich einfach nach meinem Gefühl gut leben will.
Zu meiner Lebensweise interessiert mich die Meinung anderer Menschen inzwischen nicht mehr sonderlich.

18

**Sei wie ein Fels, an dem
sich beständig die Wellen
brechen. Er bleibt stehen
und rings um ihn legen
sich die angeschwollenen
Gewässer.**

Marc Aurel

Wenn es mir gut geht, bin ich mir meiner selbst
völlig bewusst, fühle mich wertvoll.

Mein Alltag ist dann vom Ablauf her wie immer
ganz normal, ich habe jedoch mit den Jahren
den Druck herausgenommen.

Es gibt Menschen, die können immer unter
Strom stehen und werden dadurch noch besser.
Aber das ist nicht mein Thema. Es geht hier um
mich. Ich kann Stress aushalten, solange er
positiv ist. Ich kann Druck aushalten, solange er
mich nicht erdrückt.

Früher dachte ich, ich bin nur was Wert, wenn ich Alltag, Stress und Druck mit Gewalt bezwinge. Heute weiß ich, dass ich anders gestrickt bin. Meine Pausen und Ruhephasen brauche ich und sie sind mir sehr wichtig. Nach meinem Tempo muss und will ich leben, nicht nach dem Tempo anderer, denn das erzeugt bei mir Stress, ich fühle mich unfähig - dies ist dann meine subjektive Denkweise - und dann unterlaufen mir erst recht Fehler.

Mein Biorhythmus ist mir wichtig. Danach lebe ich inzwischen. Viel Schlaf ist gut für mich und diesen gebe ich meiner Seele und meinem Körper. Morgens stehe ich sehr schlecht auf, dazu mit einem niedrigen Blutdruck. Von jetzt auf gleich kann ich nicht alles erzwingen, das funktioniert nicht, eine gewisse Anlaufzeit ist notwendig. Danach richte ich mich inzwischen, denn dann bin ich umso aufnahmefähiger und emsiger.

Seit dieser Erkenntnis strukturiere ich mich und kann somit mein Tagespensum trotz relativ viel Schlaf und niedrigem Blutdruck fast immer schaffen. Wenn es mal nicht klappt, dann klappt es eben Morgen - das gestehe ich mir inzwischen zu.

Meinen Tag teile ich danach ein wie für mich die Dinge, die ich tun möchte, am besten zu bewältigen sind - sowohl im Privatleben als auch im Beruf. In meinem Job gebe ich alles, wenn ich belastbar bin und wenn ich weniger belastbar bin auch.

Jeder Mensch hat seine Stärken und Schwächen. Auch ich zeige inzwischen beide Seiten von mir, privat wie beruflich. Denn nur so bin ich authentisch.

In all den Jahren habe ich gelernt, die guten Zeiten zu lieben und an den schlechten Zeiten zu wachsen - eine absolute Bereicherung für mich und mein Leben.

19

**Gute Musik zu hören
ist für mich wie Balsam
für die Seele.**

Doris Herrmann

Musik weckt in mir sehr viele Emotionen:
Freude, Spaß, innerlichen Frieden, Liebe, aber
auch Trauer, Tränen, Frust, Unzulänglichkeiten
usw. Darin besteht für mich die Magie der Musik.

Bei Musik kann ich entspannen, sie kann mich
aufwühlen oder zum Nachdenken anregen, kann
mich inspirieren, frustrieren oder einfach nur
zum chillen verführen.

Eigentlich mag ich alle Musikrichtungen, die
Songs müssen mich einfach nur ansprechen.
Eine Melodie oder ein Text muss mich emotional
berühren, egal ob positiv oder negativ. Daraus
kann ich unheimlich viel Lernen und Kraft
schöpfen. Beim Musik hören kann ich
abspannen, sie kann mich aber auch auf-
peitschen und nachdenklich machen.

Die Kraft der Musik ist schon seit Jahrzehnten eine sehr starke und wichtige Energiequelle für mich.

Sehr gerne besuche ich auch Konzerte von Gruppen, deren Musik mir wichtig ist. Diese Musik live zu hören ist einfach ein wunderbares Erlebnis für mich. Die Erinnerungen an Konzerte sind immer sehr schöne Momente, die ich in meinem Herzen trage und somit nie vergessen werde.

20

**Ein gutes Buch
zu lesen gibt
mir innere Ruhe.**
Doris Herrmann

„Gute Mädchen kommen in den Himmel, böse
überall hin.
Warum brav sein uns nicht weiterbringt – Lösung
statt Lamento."

So lautet der Titel eines Buches von Ute
Ehrhardt.
Dieses Buch habe ich vor Jahren gelesen und
nehme es mir auch heute noch von Zeit zu Zeit
zur Hand und schlage nach dem Zufallsprinzip
irgendein Kapitel auf, lese es und schmunzle.

Es hat mich gelehrt, nicht in der
Zurückhaltenden, sondern in der Rolle der
Argumentierenden zu agieren, das heißt, meine
Bedürfnisse so klar zu äußern, dass jeder etwas
damit anfangen kann.

Dies habe ich vor Jahren begonnen zu üben, praktiziere es noch immer und, was soll ich sagen, ich werde darin immer besser.

Auch manche Bücher von Kurt Tepperwein waren eine Bereicherung für mich. Er arbeitet mit einfachen, logischen Erklärungen und mit Suggestionen. Diese wirken wohltuend und tief gehend auf mich.

Stefan Klein schrieb das Buch mit dem Titel „Zeit – Der Stoff aus dem das Leben ist – Eine Gebrauchsanleitung"
Er erklärt darin die Zeit physikalisch und erklärt das Phänomen, warum uns die Zeit manchmal als etwas schnell rasendes aber auch manchmal als etwas langsam verstreichendes vorkommt. Dies hat meiner Meinung nach mit der subjektiven Wahrnehmung eines Jeden von uns zu tun.

Das Buch von Frank Schirrmacher mit dem Titel
„Payback"
beschreibt, warum wir im heutigen Informations-
zeitalter gezwungen sind zu tun was wir nicht
wollen und wie wir die Kontrolle über unser
Denken zurück gewinnen können.

Er erklärt Multitasking als eine Körperverletzung,
weil der Mensch trotz multimedialer Welt nur
bedingt Multitasking fähig ist.

Manfred Lütz schrieb das Buch mit dem Titel
„Irre! Wir behandeln die Falschen, unser Problem
sind die Normalen - eine heitere Seelenkunde"

Darin geht er die Gratwanderung zwischen der
relativ einfachen Erklärung von psychischen
Krankheiten und Humor.

Das Fazit des Buches ist: Nehmt euch alle nicht
so ernst. Ihr Normalos, denkt nicht ihr seid die
besseren Menschen, nur weil ihr angeblich
normal seid. Auch ausgeflippt und anders sein
als Andere ist eine Bereicherung für die
Menschen. Erst das Anders sein macht das
Leben bunt. Auch euer Leben, ihr wisst es nur
noch nicht.

Nena schrieb gemeinsam mit Claudia Thesenfitz die Biografie
„Nena – Willst du mit mir gehn".

In dieser Biografie beschreibt die Sängerin alle Facetten ihres Lebens. Das Buch ist offen, ehrlich, witzig und macht nachdenklich.

Hier einige Passagen aus dem Buch, die ich sehr treffend finde:

Claudia: „Wir haben aber nicht viel geschafft heute."
Nena: „Wieso? Du hast mir deine Seele gezeigt und ich dir meine."

Nena: „Gelassenheit ist eine anmutige Form des Selbstbewusstseins. Ein selbstbewusster Mensch ist sich selbst bewusst darüber, dass er einzigartig ist. Er spürt sich und kennt seine Fähigkeiten."

Nena: „Du kannst die Welt nur verändern, wenn du dich selbst veränderst."

Nena: „Ich genieße es, wenn ich vertraue und gelassen bin, das bringt tiefen Frieden in meine Seele."

Meine beste Freundin hat mir vor nicht allzu langer Zeit das Buch
„Die zehn Geheimnisse des Glücks" von Adam Jackson geschenkt.

Die Inhalte rund um die Geheimnisse des Glücks haben mich tief bewegt und mir viele Erkenntnisse aufs Neue intensiv vermittelt.

Für mich ist es wichtig, keines der Bücher als die Philosophie des Lebens zu sehen, sondern ich habe mir in den letzten Jahren immer aus jedem Buch gewisse Sequenzen verinnerlicht, die für mich hilfreich sind und somit mein Leben bereichern.

21

**Wer sich darauf versteht,
das Leben zu genießen,
muss keine Reichtümer
anhäufen.**

Aus China

Ein Lied der Gruppe „Tic Tac Toe" trägt den Titel „Haste was, biste was". Die Frage stellt sich mir, ob ich mich wirklich nur auf meinen Besitz reduzieren lassen will. Was ist mit meinen inneren Werten?

Viele Menschen definieren sich dieser Tage nur noch über materielle Werte und Besitztümer. Für mich zählt einzig und allein der Charakter eines Menschen.

Mit vielen oder wenigen Besitztümern, mit oder ohne Statussymbole ist einzig und allein für mich der Charakter meines Gegenübers wichtig.

Menschen, die sich mit den Jahren einen gewissen materiellen Standard hart erarbeitet haben, haben ihn durchaus verdient. Ihnen begegne ich nicht mit Neid. Menschen, die ihren Status durch Erbschaft erlangt haben mag ich, wenn ihr Charakter mir zusagt. Dann ist es für mich absolut zweitrangig was sie besitzen und wie sie dazu gekommen sind.

Was mich angeht, so umgebe ich mich nur noch mit Menschen, die absolut nur mich und meinen Charakter schätzen und mich nicht über materielle Dinge beurteilen.

Da ich weiß wer ich bin, was ich kann und was nicht, was mir gehört und was nicht, was ich mir erarbeitet habe und was nicht, ruhe ich in mir.

Tja, was soll ich sagen, das Glück liegt für mich schon immer nicht im Besitz, denn der macht nicht glücklich, sondern in der Zufriedenheit mit mir und mit den Menschen, die mir wichtig sind.

22

**Wahrer Reichtum
besteht nicht im
Besitz, sondern
im genießen.**
Ralf Waldo Emerson

Die kleinen und unscheinbaren Dinge des Lebens genieße ich in vollen Zügen, denn sie machen mich glücklich.

Die blühenden, duftenden Blumen am Wegrand oder ein Vogel, eine Hummel, eine Grille, ein Grashüpfer, ein Taubenschwänzchen und der Duft von Regen in der Luft begeistern mich.

Über einen Adler, einen Steinbock, einen Eichelhäher oder ein Eichhörnchen beim Wandern im Allgäu freue ich mich.

Ein hoppelnder Hase auf dem Feld oder ein Reh am Waldrand überraschen und begeistern mich.

Pferde mag ich besonders; den Geruch ihrer Körper und der Pferdeäpfel liebe ich. Wenn sie mich mit ihren Nüstern anblasen erkenne ich, dass sie mich auch mögen.
Pferde sind ehrliche Tiere, sie verstellen sich nicht und teilen mir auch ihren Missmut mit.

Wenn ich sie mit der Hand abklopfe würde ich mich am liebsten auf ihren Rücken schwingen und los reiten. Dieses Gefühl schenkt mir Freiheit.

Etliche Jahre hatte ich selbst ein Pferd, eine Zeit, die ich sehr genossen habe. Irgendwann musste ich jedoch erkennen, dass ich nicht mehr genügend Zeit für „Achill" hatte. Dann haben meine Eltern mein Pferd verkauft. Im Nachhinein betrachtet war das die richtige Entscheidung.

Mit Hunden aufgewachsen ist es ein Wunsch von mir, irgendwann einmal wieder selbst einen Hund zu haben. Meine Hündin „Nuri" war ein sehr ehrlicher und treuer Begleiter an meiner Seite. An die Zeit mit ihr denke ich heute noch sehr gerne zurück.

Die Vielfalt der Fische und Korallen, die ich auf Urlaubsreisen erlebt habe und hoffentlich noch oft erleben werde, begeistern mich. Besonders angetan haben es mir die Geckos auf den kanarischen Inseln.

Den puren Genuss eines Sonnenuntergangs oder das Rauschen des Meeres in sternenklarer Nacht gibt mir innere Ruhe.

Das kilometerlange Laufen am Strand und dieses Gefühl einfach nichts zu tun, außer meinen Gedanken nach zuhängen, bereichert mein Leben.

Auch das stundenlange Beobachten der Sterne schenkt mir wunderbare Entspannung. Der Sternenhimmel ist besonders gut auf La Palma zu genießen, weil dort die Luft sehr klar ist und deshalb sehr viele Sterne zu sehen sind.

**Begeisterung erhebt das
Leben über das Alltägliche
und verleiht ihm erst einen Sinn.**
Norman Vincent Peale

23

**Die höchste Form des Glücks
ist ein Leben mit einem gewissen
Grad an Verrücktheit.**
Erasmus von Rotterdam

Ganz wichtig war für mich zu begreifen, dass ich in vielen Dingen anders bin als andere Menschen. Oft lache ich lauter und freue mich intensiver als Andere. Manchmal bin ich aber auch trauriger und stiller als Andere. Dann fehlt mir die Ausgeglichenheit.

Das ich so bin wie ich bin und nicht mehr denke, anderen Menschen gefallen zu müssen, ist ein enormer Fortschritt für mich.

Mein Leben will ich nur noch mit all meinen Facetten leben und vor allem will ich keinem anderen Menschen mehr gefallen als mir.

Viele Menschen denken vielleicht, dass ich ausgeflippt oder oberflächlich bin. Tatsächlich erscheine ich vielleicht manchmal oberflächlich, weil ich über Belanglosigkeiten spreche. Dies bin ich jedoch keineswegs. Aber ausgeflippt, das bin ich schon manchmal gerne.

Mich interessieren gerade die Dinge, die außerhalb der Norm sind, weil ich schon immer neugierig auf nicht alltägliche Dinge war.

So fand ich es ein tolles Erlebnis, in der Kneipe „Timp" in Köln eine Travestie-Show vom Feinsten mitzuerleben.

Dort habe ich einen Mann kennen gelernt, der seit Jahren in einer festen und glücklichen Beziehung mit einer Frau lebt, jedoch manchmal Frauenkleider trägt und ins „Timp" geht, um seine feminine Seite aus zu leben.

Dieser Mann war sehr nett und wir haben uns über Schuhe kaufen und schminken unterhalten. Tja, was soll ich sagen, ich konnte noch einiges von diesem hochbegabten Mann lernen. Er hat für sich die Lebensform gewählt, die ihn glücklich macht. Auch diesen Menschen akzeptiere ich und nehme ihn auf seine Art an und ernst.

24

**Selig ist der Mensch,
der mit sich selbst
in Frieden lebt.
Es gibt auf Erden
kein größeres Glück.**
Matthias Claudius

Auch habe ich herausgefunden, dass ich durch die Art wie ich mich kleide und schminke meine Seele zeige.

Morgens ziehe ich mich an wie ich mich fühle. Meine innere Stimmung trage ich so oft nach außen - dies ist ebenfalls ein Teil meiner guten oder weniger guten Tage.

Gerne trage ich sportliche und bequeme Kleidung. Oft ziehe ich auch eher ausgeflippte Klamotten an. Manchmal trage ich schicke Kleider, aber nur wenn ich morgens Lust dazu habe.

Da ich auf das Schminken noch nie wirklich gesteigerten Wert gelegt habe, bin ich eher dezent geschminkt. Jeden Morgen trage ich meine Tagescreme auf, Pudere mein Gesicht ab und lege einen Lippenstift auf. Wenn ich Lust dazu habe, verwende ich ab und zu Lidschatten oder Wimperntusche.

Wenn es mir nicht gut geht, dann ziehe ich irgendetwas aus dem Regal und ziehe es an, egal ob es mir für diesen Tag gefällt oder nicht. Es ist mir dann einfach egal. Dann pudere ich noch nicht einmal mein Gesicht oder lege Lippenstift auf, weil es mich dann einfach nicht interessiert, wie ich aussehe.

Jedoch habe ich in all den Jahren meiner Krankheit bemerkt, dass in schlechten Phasen das Auflegen eines Lippenstiftes oder das Anziehen von Kleidern, die ich mag, dazu beitragen, dass ich mich äußerlich nicht hängen lasse und gut aussehe.

Obwohl es mir nicht gut geht, erfährt mein Inneres so auch etwas Auftrieb. Mit der Zeit stellt sich sogar ein gewisses Selbstbewusstsein ein.

Abschließend kann ich sagen, dass ich meinen Frieden gemacht habe - mit mir und mit meiner Krankheit.

Heute stelle ich mich auf einen Stuhl und sehe, dass von oben alles anders aussieht als von gleicher Ebene betrachtet. Die Perspektive ist eine andere. Die Welt sehe ich dann anders als vorher. Während meiner Krankheit ist es genauso. Dann sehe ich auch die Welt anders.

Dies ist eine Bereicherung für mich und für mein Leben, denn ich nehme inzwischen meine Krankheit und mich mit allen Vor- und Nachteilen an.

Diese Erkenntnis war nur durch viel Geduld und Selbstdisziplin möglich.

Ich bin wie ich bin. Egal ob ich gesund oder krank bin.

Zu hundert Prozent bin ich dann ich und finde mich inzwischen gut so wie ich bin.

25

**Ein Leben ohne
Freunde ist wie ein
Leben ohne Sonne.**
Aus Deutschland

Freunde sind Menschen, die ich mir inzwischen genau aussuche. Nicht jeder ist es wert, mit mir befreundet zu sein. Es gibt einen kleinen, aber feinen Freundeskreis für mich. Die Spreu hat sich für mich in den vergangenen Jahren meiner Krankheit sehr deutlich vom Weizen getrennt.

Freunde zeigen sich für mich heute in schlechten und nicht nur in guten Zeiten. In guten Zeiten sind sehr viele Menschen begeistert von mir. In schlechten Zeiten distanzieren sich jedoch sehr viele, weil sie mit meinem Anders sein nicht umgehen können. Dafür habe ich ein Stück weit Verständnis. Wenn ich nicht nur ein oder zwei Tage, sondern auch mal zwei oder sogar vier Wochen und das vielleicht drei bis vier Mal im Jahr anders bin, dann ist das auch eine Seite von mir.

Mit den Jahren musste ich erkennen, dass diejenigen, die mit mir beziehungsweise mit meiner Krankheit Berührungsängste haben, lediglich Bekannte sind. Denn Freunde sind für mich Menschen, die mich immer mögen, nicht nur wenn es mir gut geht. Freunde sind für mich Menschen, die auch zu mir stehen und mich begleiten, wenn es mir schlecht geht.

Es gibt Menschen, die waren für mich jahrelang sehr wichtig, aber sie traten irgendwann in mein Leben ein und irgendwann auch wieder aus. Jeder macht solch eine Entwicklung durch. Auch in Freundschaften gehen die Wege manchmal auseinander. Manchmal soweit auseinander, dass man nie wieder etwas voneinander hört. Ich erinnere mich jedoch ab und an gerne an diese Menschen, weil sie zu einem bestimmten Zeitpunkt ein Teil meines Lebens waren und einen wichtigen Platz einnahmen. Diese Erfahrungen bereichern mein Leben bis heute und ich möchte sie nicht missen.

Eine Freundin kenne ich seit 23 Jahren, aber auch unsere Wege gingen auseinander. Sie wohnt relativ weit weg und ist beruflich sehr eingespannt, lebt seit Jahren in einer glücklichen Beziehung. Wenn ich durch Anrufe und Postkarten unsere Freundschaft nicht aufrecht erhalten würde, wäre auch diese Freundschaft bereits eingeschlafen. Auch wenn diese Freundschaft mir manchmal sehr einseitig erscheint, ist sie mir wichtig und ich werde sie aufrecht erhalten.

Viele Jahre lang hatte ich eine gute Freundin, die mich zum Joggen motivierte, hörte mir auch währenddessen sehr viel zu und erzählte von sich. Wir haben diese Gespräche oft sehr tiefgründig geführt. Viele Sichtweisen von ihr habe ich verinnerlicht und ich glaube, dass auch sie von mir vieles aufgegriffen hat. Jedoch hat sie diese jahrelange Freundschaft von sich aus beendet, weil sie alte Brücken abbrechen wollte. An ihrer Entscheidung hatte ich lange zu knabbern. Nach wie vor ist sie manchmal in meinen Gedanken.

Es gibt Freunde, die kenne ich schon lange, aber ich vertraue ihnen nicht alles an. Dennoch sind sie meine Freunde, aber auf einer anderen Ebene. Sie sind Menschen mit gewissen Einstellungen, die ich nicht immer mit ihnen teile. Wir kennen uns ewig und unsere Freundschaft wird auf dieser Ebene auch die nächsten Jahrzehnte andauern, denn ich mag sie mit all ihren Stärken und Schwächen und genauso sehen sie mich auch.

Auch habe ich Menschen kennen gelernt, die kannte ich nur eine Woche. Mit ihnen hält aber trotz der zwischen uns liegenden Entfernung die Freundschaft über viele Jahre hinweg an. Sie wird immer tiefer und bereichert mich. Sie kennen fast alle Seiten von mir und umgekehrt ist es genauso. Wenn wir uns sehen, auch wenn es manchmal nur einmal im Jahr ist, dann ist es so, als sind wir uns nie fern gewesen, weil wir in unseren Gesprächen unsere Sehnsüchte, Hoffnungen, Sorgen und Wünsche ganz ungezwungen ansprechen, auch mit Ratschlägen oder einfach nur mit Sensibilität und mit einem offenen Ohr für den anderen. Gegensätze ziehen sich an, genau das trifft auf uns vier zu.

Als ich sie kennen lernte, war sie für mich eine Auszubildende von vielen. Sie würde ich ein halbes Jahr lang begleiten, ihr viel erklären, mit Rat und Tat zur Seite stehen und immer ein offenes Ohr für sie haben. Sie war intelligent und wissbegierig und nahm meine Erklärungen und Ratschläge gerne an. Nach diesem halben Jahr dachte ich, das wars. Doch ich sollte eines besseren belehrt werden.

Im August 2003 war sie mir mit ihren Postkarten und mit ihrer unerschütterlichen Zuversicht eine unsagbare Stütze. Ich hätte nicht gedacht, dass das geschriebene Wort von ihr mir soviel Mut geben könnte. Aber das tat es.

Unsere tiefe Freundschaft ist mir sehr wertvoll. Seit fünf Jahren weiß ich, dass sie meine liebste und beste Freundin ist.

Es gibt Menschen,
die treten in dein
Leben ein und aus,
aber nur wenige davon
hinterlassen Spuren.
    unbekannt

26

„Man sieht nur mit dem Herzen gut, das Wesentliche ist für das Auge nicht sichtbar.
Der kleine Prinz
Antoine de Saint-Exupéry

Man sagt, es gibt nur einen wahren Weg zum Menschen, zum Mitmenschen in nächster Nähe. Den Weg des Herzens. Diesen Weg gehst du jeden Tag."

Diese Worte schrieb mir meine beste Freundin vor vier Jahren und sie berührten mich damals sehr. Sie berühren mich heute noch, treiben mich um und werden mich weiterhin umtreiben. So habe ich mich nie gesehen. Je mehr ich jedoch darüber nachdenke, desto mehr weiß ich, dass diese Beschreibung auf mich zutrifft.

Auch kann ich sie zulassen, ohne dabei eitel zu wirken, denn sie stimmt einfach. Dafür danke ich meiner Freundin.

**Freundschaft, das ist eine Seele
in zwei Körpern.**

Aristoteles

**Es ist dieselbe Erkenntnis, die
uns zuversichtlich macht darüber,
dass nichts Schreckliches ewig
oder auch nur lange Zeit dauert,
und die begreift, dass in eben
den begrenzten Dingen die
Sicherheit vor allem durch die
Freundschaft vollendet wird.**

Thornton Wilder

**Jeder wird in seine Familie
hinein geboren.
Das wichtigste jedoch ist,
jeden in der Familie so zu
nehmen und zu achten
wie er ist.**
        Doris Herrmann

Ich liebe meine Familie und sie lieben mich so
wie ich bin. Ich liebe sie, jeden auf seine Art und
mit all ihren Vor- und Nachteilen.

Wenn ich gute Zeiten habe, lieben sie mich.
Wenn ich schlechte Zeiten habe, lieben sie mich
noch mehr und helfen mir.

Es ist nicht mehr für alle Menschen selbstverständlich ihre Familienbande zu pflegen, egal
ob sie nah oder weit entfernt von ihren Eltern
leben.

Für mich und für meinen Mann ist die Pflege der Familienkontakte jedoch schon immer wichtig gewesen. Schließlich ist die Familie ein Verbund, auf den man sich verlassen kann.

In der Familie gibt es Menschen, die einem verstehen, einem manchmal kritisieren und damit Reibung erzeugen.

Die Familie ist für mich aber auch ein Ort der Geborgenheit, der Ehrlichkeit und des sich verstanden Fühlens.

In meiner Familie werde ich nicht ausgegrenzt, egal ob es mir gut oder schlecht geht.

Meine Familie ist ein Netz für mich, das mich in schlechten Zeiten auffängt und mir in guten Zeiten Halt gibt.

Das ist für mich Familie. Dafür liebe und schätze ich sie.

Liebe will nicht
Liebe kämpft nicht
Liebe wird nicht
Liebe ist
Liebe sucht nicht
Liebe fragt nicht
Liebe ist so wie du bist.

Nena

„Jemanden so zu lieben, dieses Gefühl hat man nur einmal im Leben."
Dies sagte der Schauspieler Clint Eastwood über die Liebe seines Lebens, die Schauspielerin Maryl Streep im Liebesdrama „Die Brücken am Fluss".

Hier ging es um eine andere Geschichte als die von meinem Mann und mir. Aber dieser Satz hat mich schon vor Jahren sehr beeindruckt und sich für mich insoweit manifestiert, dass ich sagen kann, ich liebe meinen Mann so sehr, dass es dieses Gefühl nur einmal im Leben für mich gibt.

Für mich weiß ich, dass ich den richtigen Mann und Partner für mich und mein Leben an meiner Seite habe. Diese Seelenverwandtschaft zwischen uns ist manchmal unausgesprochen aber immer präsent und ich habe den treuesten Menschen gefunden, den ich mir vorstellen kann.

Mein Partner ist immer für mich und für uns da, in sehr guten, guten, weniger guten und ganz bescheidenen Zeiten. Wenn es mir schlecht geht, stellt er seine Bedürfnisse für mich zurück. Er steht immer zu mir und steht voll für mich ein. Niemals gibt er mich auf und glaubt immer an mich. Wenn ich am Boden bin, schenkt er mir seine Liebe, seine Kraft, seine Hilfe und seine Zuversicht. Wenn es mir gut geht, ist er sehr glücklich mit mir.

Wir brauchen und ergänzen uns einander mit all unseren Stärken und Schwächen.

Wir lieben uns sehr, der eine den Anderen so wie er ist.

29

**Mögen alle deine Träume wahr werden,
mögen alle deine Himmel blau sein,
mögen alle deine Freunde
wahrhaft Freunde sein,
mögen alle deine Freuden
vollkommen sein,
mögen Glück und Lachen
alle deine Tage ausfüllen.**
Altirischer Segenswunsch

Dieser altirische Segenswunsch beschreibt in einfachen Worten, wie ich mir mein Leben vorstelle und wie ich es gestalten will.

Darum lebe ich heute mein Leben wie ich es leben will. Mein Motto lautet: „Weniger ist mehr" und „mit dem minimalsten Aufwand den größtmöglichen Erfolg erzielen".

Inzwischen bin ich mir selbst am Nächsten. Diese Sichtweise hat meiner Meinung nach nichts mit Egoismus zu tun, sondern einfach nur mit gesundem Menschenverstand.

Früher war ich sehr harmoniebedürftig und dachte, dass alle mich mögen müssen. Auch habe ich gelernt, dass zuerst ich mich lieben muss, bevor andere es tun. Alle die mich nicht mögen, denen kann ich heute in aller Ruhe begegnen. Früher hätte ich fast alles für die Gunst dieser Menschen gegeben und habe mich dabei völlig vergessen. Heute weiß ich, dass dies nicht mehr mein Weg ist.

Heute kann ich viel besser damit umgehen. Absolute Harmonie und bedingungslose Menschenliebe machen mich auf Dauer nicht glücklich, denn ich habe dafür meine Bedürfnisse absolut in den Hintergrund gestellt, um anderen Menschen gerecht zu werden. Nur ich selbst wurde mir nicht gerecht. Mein Selbstbewusstsein war am Boden.

30

**Der Lohn für die Anpassung ist,
dass einem alle mögen
außer einem selbst.**
Rita Mae Brown

Es war ein langer, steiniger Weg. Heute ist mein Selbstbewusstsein auch in tiefster seelischer Depression recht gut. Noch vor 14 Jahren wäre das völlig undenkbar für mich gewesen. Damals hatte ich, selbst wenn es mir gut ging, wenig Vertrauen in mich und meine Fähigkeiten.

Auch die Erkenntnis, dass ich nicht andere Menschen ändern kann, sondern das nur ich mich ändern kann und will, war sehr wichtig für mich. Dieser Lernprozess ist nach wie vor sehr spannend für mich. Er hilft mir in guten wie in schlechten Phasen gelassener und mit weniger Angst mit mir und meiner Umwelt umzugehen.

Inzwischen habe ich erkannt, dass ich die Menschen liebe, die mich lieben. Aber vor allem liebe ich mich.

31

**Wer nicht zuweilen
zu viel empfindet,
der empfindet
immer zu wenig.**
Jean Paul

Sonntag, 28. November 2010

Eigentliche sollte mein Buch mit dem 30. Kapitel enden. Ich habe lange darüber nachgedacht, ob ich das 31. Kapitel nun als letztes Kapitel schreiben soll. Mir wurde jedoch mit der Zeit bewusst, dass es für mich sehr wichtig ist es zu schreiben, damit mein Buch für mich richtig abgeschlossen ist.

Es geht mir seit circa sechs Wochen wieder nicht gut. In dieser Zeit konnte ich bis heute kaum schreiben, da meine Konzentrationsfähigkeit nicht gut war.

Die ersten drei Wochen waren sehr hart und ich war froh, dass ich in dieser Zeit zehn Tage Urlaub hatte, um wieder einigermaßen zu mir zu finden und meine Ängste verbalisieren zu können. Danach folgten zwei Wochen in denen es mir, wie ich dachte, wieder gut ging. Doch dem war nicht so. Zurzeit habe ich mal einen guten Tag und dann mal wieder weniger gute Tage. Heute ist ein guter Tag. An den schlechten Tagen kämpfe ich mit mir, zwinge und diszipliniere mich in allen alltäglichen Dingen.

Alles, was anderen Menschen wie selbstverständlich und automatisch von der Hand geht, ohne dass sie darüber nachdenken, stellt sich dann für mich oft als große Herausforderung dar. Mir läuft nichts von der Hand, ohne dass ich mich darauf sehr darauf konzentriere. Dies nagt erheblich an meiner Energie. Abends liege ich dann geistig und körperlich ausgesaugt auf der Couch und gehe früh ins Bett.

Im Moment stehe ich wieder vor einem Berg, den ich überwinden will. An einem Tag gehe ich zwei Schritte vorwärts, um dann am nächsten Tag wieder drei Schritte rückwärts zu fallen. Meine Hartnäckigkeit hilft mir aber dabei, mit der Zeit nach und nach an Boden Richtung Gipfel gut zu machen.

Eine weitere Hürde bringe ich am Ende meines Buches ins Spiel. Sie äußert sich so, dass ich mich dann auf alles so stark konzentriere aus Angst Fehler zu machen, dass dann tatsächlich Fehler geschehen. Dies nennt die Fachsprache sich selbst erfüllende Prophezeiung, d. h. wenn ich mir einrede gleich einen Fehler zu begehen, dann wird er tatsächlich passieren. Manchmal kann ich damit ganz gut umgehen und denke „na und", aber öfter rede ich mir dann erst recht meine eigene Unfähigkeit ein.

Auch mein Körper reagiert zurzeit wieder stark auf meine psychische Erkrankung. Manchmal habe ich Schlafstörungen, dann könnte ich plötzlich wieder mehr Schlaf brauchen. Teilweise fühle ich mich geistig und körperlich relativ fit und dann ist auf einmal beides wieder schwierig.

Dann zittere ich stark mit den Händen und auch meine Beine vibrieren so unkontrolliert, dass ich ständig aufpassen muss, nicht hinzufallen. Meine innere Unruhe verunsichert mich sehr. Mundtrockentrockenheit, Mundgeruch und ein extrem gesteigertes Durstempfinden stellen sich ein; hinzu kommen dann Vitalstörungen wie Bauch-, Rücken- und Gliederschmerzen, Verdauungsprobleme usw.

Man könnte jetzt denken, dass dies alles Nebenwirkungen der Tabletten sind. Das stimmt wohl auch teilweise, aber ich nehme die Tabletten in gleicher Dosis wenn es mir gut geht und merke fast nichts davon.

Also schließe ich daraus, dass ich diese körperlichen Reaktionen am Schlimmsten habe, wenn meine Seele wieder tief betrübt ist.

In den letzten Jahren habe ich viel Fachliteratur zum Thema Depression gelesen. Was mich oft herunter zieht ist die Tatsache, dass dort fast immer zu lesen ist, dass die meisten Menschen ein- bis zweimal in ihrem Leben eine ernsthafte psychische Erkrankung haben.

Dann begeben sie sich in eine Kur, arbeiten eventuell eine Weile nicht mehr, genesen vollständig und werden dann nie wieder von dieser Krankheit heimgesucht.

Natürlich stelle ich mir dann die Frage, warum gerade ich nicht vollkommen genesen kann.

Jedoch habe ich noch nie meinen Psychiater gefragt, ob es vielleicht daran liegen könnte, dass manisch-depressive Menschen wie ich eben nicht ein bis zwei depressive Episoden im Leben haben und dann nie wieder erkranken. Vielleicht ist mein Krankheitsbild ein Leben lang präsent und tritt darum immer wieder auf.

Darum sagt mir mein Verstand, nehme alles an, wie es ist, mach das Beste daraus und lebe so gut es geht damit, denn schließlich bin ich Optimistin. Außerdem könnte ich auch eine schlimmere Krankheit haben.

In den letzten 14 Jahren gab es einmal eine Zeit, in der es mir 18 Monate gut ging; daran denke ich gerne zurück.

Oft belastet mich auch während meiner schlechten Zeiten, dass andere Menschen denken könnten, dass ich eine „Faulenzerin" oder eine „Unfähige" bin.

Wenn ich aber alles noch einmal genau reflektiere, dann weiß ich, dass ich mir das nur einrede bzw. dass andere Menschen über mich denken sollen, was sie wollen.

Außerdem weiß ich, dass ich in den schlechten Phasen zwar gerne meine Hausarbeit verrichten würde, es aber nur sehr schwer oder gar nicht kann, weil sich meine Gedanken nur im Kreis drehen.

Dadurch kann ich dann keinen Anfang finden. Wenn ich dann doch beginne etwas zu tun, dann bin ich durch meine Gedanken um meine schlechte Konzentrationsfähigkeit so gehemmt, dass vieles schief läuft oder ich Arbeiten beginne, aber nichts richtig zu Ende führe. Das ist das heimtückische an meiner Krankheit.

Da ich das aber weiß, kann ich mir manchmal mein schlechtes Gewissen nehmen, alles langsamer angehen, oder auch mal etwas liegen lassen. Wenn es mir wieder besser geht, dann klappt auch mein Alltag wieder besser.

Damit habe ich dann erneut alles für mich relativiert und stehe meiner Krankheit wieder einmal nicht mehr ganz so machtlos gegenüber.

Egal wie, ich gehe meinen Weg und ich werde es auch diesmal wieder schaffen. Diese Tatsache beruhigt und stärkt mich darin, dass ich erneut auf dem richtigen Weg bin.

Jetzt hat mein Buch für mich einen ehrlichen Abschluss gefunden, weil ich meinen Lesern meine zurzeit nicht gute Phase am Ende meines Buches nicht vorenthalten habe.

Ich bin,
wer ich bin,
was ich bin,
wie es mir geht.
Nur dann bin ich
authentisch und
ganz bei mir selbst.
Doris Herrmann

32

Wir sind, was wir denken.
Alles, was wir sind,
entsteht aus unseren Gedanken.
Mit unseren Gedanken
formen wir die Welt.

Buddha

Mittwoch, 27. Juli 2011

Heute habe ich für mich entschieden, dass ich dieses Buch ein bisschen weiter schreiben, endgültig beenden und dann veröffentlichen werde. Diese Entscheidung fühlt sich jetzt gut für mich an.

Kurz vor Weihnachten 2010 habe ich mein Buch an enge Freunde und Weggefährten verteilt oder verschickt. Am 24.12.2010 habe ich es meiner Familie geschenkt.

Das Feedback, das ich erhalten habe, war einfach überwältigend. Mit solch positiver Resonanz hatte ich nicht gerechnet.

Sehr viele für mich wichtige Menschen haben sich bei mir, kurz nachdem sie das Buch erhalten hatten, gemeldet und sich herzlich dafür bedankt, dass sie mein Buch lesen konnten.

Diese vielfältigen Rückmeldungen, ob persönlich, durch Anrufe, mit seitenlangen Briefen, per Mail oder SMS, haben mich sehr berührt und mit Freude und Stolz erfüllt. Sie waren oftmals von sehr positiven und tiefen Gefühlen, von Offenheit, Freundschaft und Liebe zu mir geprägt. Auch habe ich konstruktive Kritik erfahren, welche eine große Bereicherung für mich war.

Ursprünglich sollte das Buch zum „von der Seele schreiben" und zur Reflektion für mich entstehen.

Doch dann habe ich mit diesem Buch einen für mich sehr großen Schritt gewagt: Ich habe mich offen und authentisch zu meiner Krankheit bekannt.

Vor der Verteilung meines Buches wussten nämlich selbst sehr gute Freunde gar nicht, dass ich seit etlichen Jahren damit lebe und auch darunter leide. Sehr wenige dieser Menschen ahnten vielleicht ein bisschen etwas.

Im Verstellen und im Verbergen meiner Krankheit war ich eine Meisterin.

In den letzten Jahren habe ich sehr hart an mir und am Leben mit der Krankheit gearbeitet. Die Depression habe ich, wenn auch nur sehr zögerlich, gelernt zu akzeptieren und mit ihr als Teil von mir zu Leben. Nur dadurch konnte ich immer mehr los- und zulassen, um dann endlich mit dem Tabu zu brechen.

Heute weiß ich, dass es für mich ein sehr wichtiger Schritt war, ein Buch über mich als Mensch und über meine Krankheit zu schreiben. Nun ist mir klar, dass der Weg, den ich gegangen bin, der einzig Richtige für mich war.

Das Schreiben, das lesen und redigieren, das gedruckte Buch in Händen zu halten und das weitergeben an wertvolle Menschen hat sich für mich gut angefühlt.

Doch, wie würden die Leser darauf reagieren? Auch hier hat sich mein Gefühl nicht getäuscht, das Buch ist bei den Menschen sehr gut ange-kommen. Meine Zweifel haben sich somit in Wohlgefallen aufgelöst.

Seit Neujahr bis zum heutigen Tag trieb mich ein neuer Gedanke um: Soll ich mein Buch der Öffentlichkeit zugänglich machen oder nicht?

Es gab und gibt aber auch Kritiker, denen ich vor allem dankbar bin, denn sie spornen mich an, weiter zu machen, nicht locker zu lassen und mich nicht auf meinen „Lorbeeren" auszuruhen.

Lange habe ich mit mir gehadert und stellte mir dabei folgende Fragen: Soll ich mein Buch überhaupt veröffentlichen? Wenn ja, soll ich es in der Originalversion veröffentlichen, oder es vorher ergänzen und manches neu formulieren?

Heute habe ich mich, nach langem Hin und Her endgültig entschieden: Ja, ich werde dieses Buch veröffentlichen. Ja, ich veröffentliche es nicht in der Originalversion, sondern ergänze es und formuliere manches um.

Wichtig ist mir dabei, dass dieses Buch viele Menschen erreicht, vor allem Betroffene, deren Angehörige und an diesem Thema interessierte Leser.

Wenn meinen Lesern mein Buch gefallen hat, dann freue ich mich darüber, wenn sie es weiter empfehlen.

Nun berichte ich darüber, wie es mir das letzte halbe Jahr ergangen ist, seit ich dieses Buch fertig geschrieben, zur Druckerei gegeben und danach den wichtigsten Menschen in meinem Leben überreicht oder geschickt habe.

Seit Weihnachten 2010 bis Mitte Januar 2011 ging es mir gut. Dann hatte ich bis Ende März 2011 wieder eine schlechte Phase, in der ich erneut viel über mich und meine Krankheit gelernt habe. Immer wieder bestätigt sich in den vergangenen Jahren, dass alle negativen Erfahrungen im Leben und mit meiner Krankheit auch etwas Positives für mich haben.

Mein ganzes Leben, sowohl die Vergangenheit, das Jetzt und Hier, aber auch die Zukunft, ist für mich relativ. Somit kann ich sagen, dass alles Negative auch etwas Positives für mich hat. Diese Erkenntnis bereichert mich und mein Leben immer wieder aufs Neue.

Seit Anfang April bis zum heutigen Tag geht es mir wieder gut. Für jeden Tag, an dem es mir gut geht, bin ich dankbar.

Oft bin ich aber auch auf der Hut und denke, dass es mir vielleicht zu gut geht, denn bald könnte ich von jetzt auf gleich in ein tiefes dunkles Loch fallen und die Depression verändert wieder komplett mein ganzes Denken und Handeln. Aber dann relativiere ich meine Bedenken wieder.

Inzwischen denke und lebe ich für mich so: Für jeden Menschen, jedes Tier, jede Pflanze und jeden Organismus kommt und geht alles, egal, ob vorbestimmt oder nicht, egal ob gewollt oder nicht, denn alles ist relativ, ob gut oder schlecht, alles ist vergänglich, alles hat seine Zeit. Das genau ist für mich die Quintessenz des Lebens und alles ist gut so, wie es ist.

Als Gefühlsmensch handle ich aus dem Bauch heraus, also intuitiv. Alles, was sich gut anfühlt, ist gut für mich. Alles, was sich schlecht anfühlt, ist schlecht für mich. Damit bin ich bis jetzt ganz gut durchs Leben gekommen.

Zum Abschluss möchte ich sagen, dass ich hoffe, viele Betroffene, deren Angehörige und an dem Thema interessierte Menschen mit meinem Buch erreicht zu haben. Vielleicht konnte ich meinen Lesern auch ein paar Denkanstöße oder Lösungsansätze mit geben. Wenn ja, würde mich das glücklich machen.

Wie es in meinem Leben weiter geht, das weiß ich nicht. Was ich jedoch ganz sicher weiß ist, dass es weiter geht.
Denn: Jeder Morgen ist ein neuer Anfang und eine neue Chance in meinem Leben, egal, wie ich mich fühle.

**Gib jedem Tag die Chance,
der schönste deines Lebens
zu werden.**
Mark Twain

Wie eine Feder im Wind treibe ich durch die Welt.

Leicht und doch darauf gespannt, was die Zukunft bringen wird.

Neugierig und offen warte ich auf das, was der Fluss des Lebens bringt.

Mit Gelassenheit nehme ich alles wie es kommt.

Auf meine Wahrnehmung verlasse ich mich und teile meine Bedürfnisse mit.

Alle Momente und Empfindungen sind mir wichtig.

Nur so bin ich ganz bei mir.

Doris Herrmann

Quellenverzeichnis

Autorin: Ulrike Erhardt
Titel: Gute Mädchen kommen in den
              Himmel, böse überall hin
              Warum brav sein uns nicht
              weiterbringt
              Lösung statt Lamento

Autor: Kurt Tepperwein
              Verschiedene Bücher zum
              Erlangen von positiver
              Lebenseinstellung
              z. B. durch Suggestionen.

Autor: Manfred Lütz
Titel: Irre! Wir behandeln die
              Falschen, unser Problem
              sind die Normalen
              - Eine heitere Seelenkunde -

Autor: Stefan Klein
Titel: Zeit - Der Stoff aus dem
              das Leben ist
              Eine Gebrauchsanleitung

Autor: Frank Schirrmacher
Titel: Payback

Autorinnen: Nena und Claudia Thesenfitz
Titel: Nena - Willst du mit mir gehn

Autor: Adam Jackson
Titel: Die zehn Geheimnisse des
              Glücks

Internet: Wikipedia, Google

Danke

Meinen engsten Freunden für eure bereichernde Freundschaft.

Sabine, Thomas, Lena und Max für den Zuspruch.

Marliese und Hans für die Zuversicht in mich.

Ulrike, Franz, Julia, Christian und Selin dafür, dass ihr an meiner Seite seid und zu mir steht.

Mama und Papa dafür, dass ihr mir oft den Rücken frei haltet und mich liebt.

Ivonne für deine mir sehr wertvolle Freundschaft.

Dieter für deine große und bedingungslose Liebe zu mir.